Versöhnung mit der Vergangenheit

Wie Sie inneren Frieden finden

© 2014, Madame Missou

1. Auflage, Juli 2014

ISBN-13: 978-1500531010

ISBN-10: 1500531014

Madame Missou wird vertreten durch die

Maracuja GmbH, Laerheider Weg 13

47669 Wachtendonk

info@madamemissou.de

www.madamemissou.de

Inhaltsverzeichnis

1. Einleitung

Sie suchen Versöhnung mit der Vergangenheit und inneren Frieden. Das hat Sie hierher geführt, und ich werde Ihrem Weg eine Richtung geben. Der folgende Text und einige darin enthaltene Übungen werden Ihnen helfen, Ihr Ziel zu erreichen. Sie müssen hierfür keine neue Weltanschauung übernehmen oder gar fromm werden. Meine Haltung zu einem solchen Thema ist pragmatisch: Wer mit seiner Vergangenheit hadert und im Unfrieden ist, verliert dadurch viel Lebensenergie. Versöhnung gibt Ihnen diese Lebensenergie zurück. Freuen Sie sich also schon darauf, was Sie alles in Ihrem Leben mit dieser Extrapower machen können.

Sie finden insgesamt 10 Übungen in dem Buch. Jede dieser Übungen ist für Anfänger geeignet und doch sehr tiefgreifend. Nehmen Sie sich die Zeit und Muße für das Buch. Ich schlage Ihnen vor, das Buch zu Beginn einfach einmal komplett durchzulesen und danach die einzelnen Übungen nacheinander anzugehen. Das hat sich bei den meisten Lesern als der sinnvollste, effektivste, leichteste und erfreulichste Weg erwiesen.

Viel Spaß nun beim Lesen und beim Einstieg in die vorgeschlagenen Übungen wünscht Ihnen,

Ihre Madame Missou

2. Ich denke mich schlecht

Bevor Sie jetzt weiterlesen, möchte ich Sie bitten, sich an den Moment zu erinnern, als Sie von diesem Buch Kenntnis erlangten, es prüften und schließlich erwarben:

Was hat Sie diese Entscheidung treffen lassen?

Wenn es Ihnen mit diesem Beispiel schwer fällt, können Sie auch an einen anderen Bücherkauf denken, an den Sie sich noch besser erinnern.

Etwas in Ihnen wurde vor der Kaufentscheidung angesprochen, Sie fühlten sich irgendwie gesehen und erkannt – ja, mit großer Sicherheit wird es ein Gefühl gewesen sein, das Sie zum Kauf veranlasst hat: Das Buchcover etwa, der Titel, ein Begriff oder eine Metapher hat in Ihnen etwas ausgelöst wie Wehmut, Traurigkeit oder ein Gefühl von Einsamkeit. Vielleicht aber auch Hoffnung, Trotz oder Wut. Es sind meist Gefühle, die uns zu einer Handlung bringen. Wer sich den Aufwand und die Raffinesse von Werbemaßnahmen vor Augen führt, den wundert dies nicht. Wir sollen und wollen durch Werbung verführt werden. Wenn es mit diesem Buch bei Ihnen gelungen ist, ist das hier ja auch wirklich eine gute Sache.

Doch es bleibt meistens nicht beim ersten Eindruck. Nach der Verführung durch Gefühle hat nun deren Gegenspieler seinen großen Auftritt. Wer das ist? Unser Verstand.

Bitte versuchen Sie nun auch hier sich zu erinnern: Welche Gedanken kamen, nachdem Sie den Kauf getätigt hatten?

„Super, endlich räumst du mal auf in deinem Leben!"

Oder war es eher so etwas:

"Das bringt doch eh nichts, da hast du wieder sinnlos Geld

ausgegeben. "

Unser Verstand hat viele Paletten von Standardsätzen, die er zu so einer Gelegenheit gerne vom Stapel lässt. Manchmal könnte man fast meinen, er ist jetzt nur beleidigt, weil er an der Kaufentscheidung so wenig beteiligt war. Ein bisschen wird es in der Tat auch so sein. Doch diese Kommentare, die unser Verstand so in den Ring wirft, bleiben nicht ohne Folgen: Sie lösen erneut Gefühle aus. Wieder können Sie jetzt genau überprüfen, welche Qualität diese ausgelösten Gefühle haben.

Bei dem ersten und aufmunternden Kommentar („Super..."‍) durch den Verstand werden Sie sich bestätigt, freudig, vielleicht sogar ein wenig aufgeregt fühlen. Es wird eine Vorstellung von Entschlossenheit entstehen: *Ich gehe es jetzt an, jawohl!*

Bei der zweiten Variante (*„ Das bringt doch eh nichts... "*), dem entwertenden Kommentar des Verstandes, werden Sie sich zunehmend kraftlos, traurig und leer fühlen. Nichts mehr von Entschlossenheit: *Alles bleibt, wie es ist. Uuuuhhhhh...*

Was hat dies mit dem Titel dieses Ratgebers „Versöhnung mit der Vergangenheit" zu tun?

2.1 Die Macht der Gedanken

Die wichtigste Prämisse in den folgenden Kapiteln lautet:

Wenn wir uns schlecht fühlen, haben wir uns schlecht gedacht.

Das klingt für den Verstand komisch und er empört sich, was ihm denn da in die Schuhe geschoben werden soll. An dieser Stelle gleich eine weitere Prämisse für den Umgang mit diesem Buch:

Lesen Sie mit Ihrem Gefühl, oder genauer: Mit Ihrem Herzen.

Spüren Sie, was die Worte und Gedanken in Ihnen auslösen und prüfen Sie es für sich. Fühlen Sie nach, was ein Satz oder eine Behauptung in Ihnen auslöst: Stärken diese Sie? Dann ist das, was Sie da lesen, für Sie wahr. Oder fühlen Sie sich geschwächt und heruntergezogen? Dann hat eine solche Textpassage für Sie keine Wahrheit.

Wenn wir uns also schlecht denken können, hat das, was unser Verstand da gefragt und auch ungefragt für uns tut, eine große Bedeutung. Er macht dies so, seit wir denken können. Einige zigtausend Gedanken sollen es angeblich täglich sein. Diese haben maßgeblich beeinflusst, wo Sie jetzt in Ihrem Leben stehen. Sie haben die Lasten geschaffen, die Sie zu tragen haben, und die ungeklärten Aspekte Ihres Lebens, mit denen Sie sich noch nicht versöhnen konnten. Das scheint zunächst ungeheuerlich und auch erschreckend.

Die gute Nachricht lautet: Diese Gedanken können Sie

a) einer genauen Beobachtung unterziehen,

b) hinter sich lassen und

c) durch neue, Ihnen guttuende Gedanken ersetzen.

Nachdem Sie nun die wichtigsten Grundannahmen für die folgenden Kapitel kennen, möchte ich Sie noch mit weiteren wichtigen Begrifflichkeiten vertraut machen, die ich folgend häufiger verwenden werde: *Primäre Gefühle.*

2.2 Primäre Gefühle

Ihr spontanes Gefühl, das durch eine Situation entsteht, nenne ich ein primäres Gefühl. Ein Erlebnis mit einem Menschen oder etwas, das Ihnen gerade passiert, aber eben auch ein Buch, das Sie eben entdeckt haben, kann solche primären Gefühle auslösen. Diese können Freude, Ärger, Wut, Trauer, Neid usw. sein. Wichtig ist, dass Sie diese Gefühle willkommen heißen und für sie einen entsprechenden Ausdruck finden. Es gibt kaum etwas Wichtigeres, was Sie für Ihr Wohlbefinden und Ihre Gesundheit tun können. Sie erkennen primäre Gefühle an ihrer natürlichen Dynamik:

Sie tauchen spontan auf, gehen auf einen Höhepunkt zu und wenn Sie angemessen ausgedrückt und wertgeschätzt werden, klingen sie wieder ab und verschwinden. Sie fühlen sich danach immer klar, ruhig, entspannt, erfrischt – auf jeden Fall mit sich im Reinen.

Früher als Kinder konnten wir das meistens noch. Vielleicht haben Sie selber Kinder oder kennen als Beobachter/in, etwa auf einem Kinderspielplatz, eine entsprechende Szene:

Die kleine Britta freut sich, dass sie im Sandkasten mit ihrem neuen roten Eimer spielen kann. Als der kleine Paul das sieht, möchte er den Eimer auch haben. Sofort greift er danach. Britta wird wütend und schubst Paul um. Dieser fällt hin, kurze Zeit später weint er. Britta nimmt ihren Eimer wieder an sich. Als Paul sich beruhigt hat, fragt er Britta, ob er nicht vielleicht doch auch einmal den roten Eimer haben könnte. Er zeigt Britta seine grüne Schaufel. Oh ja, die würde Britta jetzt gerne haben und freut sich. Auch Paul lacht und nimmt den roten Eimer an sich … Lauter primäre Gefühle und resultierende Handlungen. Das kann lange so weitergehen, wenn – ja wenn sich die Erwachsenen nicht einmischen würden. Aber da man es uns ausgetrieben hat, unsere primären Gefühle wahrzunehmen und zum Ausdruck zu bringen, ertragen wir es bei den Kindern auch nicht. Um unseren Seelenfrieden wieder zu finden, verbieten wir es den Kindern heute meist auch noch, ihre primären Gefühle adäquat auszuleben:

- Britta soll ihr Spielzeug mit anderen Kindern teilen, auch wenn sie es nicht will.

- Paul soll erst mal fragen und nichts wegnehmen.

- Britta darf auf keinen Fall wütend sein und schubsen, als Mädchen schon gar nicht.

- Paul wiederum soll sich jetzt mal nicht so anstellen und heulen, schon gar nicht als Junge.

So war es für die Meisten von uns, leider. Aber hier geht es ja nun endlich darum, dass dies nicht so bleiben muss.

2.3 Glaubenssätze und sekundäre Gefühle

Auf primäre Gefühle folgen bei uns dann meist wertende Gedanken, die ich Glaubenssätze nenne. Britta und Paul im Sandkasten sind ein kleines Beispiel dafür, wie diese Glaubenssätze entstehen.

Sie bleiben nicht ohne Folgen:

Britta wird später als erwachsene Frau auf ihren inneren Glaubenssatz „Mädchen dürfen nicht wütend sein" manches zu schlucken haben. Immer dann, wenn ihr jemand etwas nimmt, wird Sie ein Gefühl von Niedergeschlagenheit entwickeln. Die geschluckte Wut führt gerne zu einem Magengeschwür oder Schilddrüsenbeschwerden.

Paul hingegen wird sich in Folge seines Glaubenssatzes „Jungen dürfen nicht weinen" bei gefühlter Trauer hart machen oder ablenken. Eventuell entdeckt er dann als erwachsener Mann, dass es mit ein, zwei Bierchen ganz gut gelingt, sich emotional einfach anderswohin zu begeben.

Die Gefühle, die durch Glaubenssätze hervorgerufen werden, sind sekundäre Gefühle. Diese lassen sich recht gut von den primären Gefühlen unterscheiden:

Sekundäre Gefühle sind Reaktionen auf ständig kreisende

Gedanken, Selbstvorwürfe oder Grübeln. Sie können so über Stunden, Tage, Wochen und Jahre ständig da sein oder immer wieder erzeugt werden. Sie klingen auch meist nicht ab, selbst wenn sie ausgedrückt werden. Denn meist fangen dann die zugehörigen Glaubenssätze wieder an zu kreisen, und das Hamsterrad beginnt erneut sich zu drehen. Sicher kennen Sie eine Person, die Ihnen mit ihrem ständigen Gejammer auf die Nerven geht. Dies wird beim nächsten Mal wieder so sein, diesmal können Sie aber den Mechanismus, der da vor sich geht, endlich nachvollziehen. Dies ist besonders wichtig zu verstehen, wenn Sie selbst zum Jammern neigen sollten.

Was tun? Alte Glaubenssätze lassen sich durch neue nährende Gedanken ersetzen. Diese erzeugen dann positive Gefühle, die in eine neue und gesündere Haltung sich selbst und dem Leben gegenüber münden.

„Das ist aber gar nicht so einfach!" „So leicht kann das doch nicht sein!" Hören Sie das?

Das sind die Einwände Ihres Verstandes. Er kämpft schon jetzt um seine Vormachtstellung. Nehmen Sie auch dies einfach nur wahr, ohne ihn und damit auch sich zu verurteilen.

Daher empfiehlt Ihnen Madame Missou an diesem Punkt ganz besonders:

Bekämpfen und bewerten Sie Ihren Verstand nicht. Ihr Verstand funktioniert perfekt und tut nur das, was Sie ihm bisher jahrelang beigebracht haben. Diese Programmierung aber werden Sie ändern. Bald. Wir sind ja gerade erst am Anfang unserer Reise in den Frieden.

3. Was es in mir denkt: Eine Bestandsaufnahme

Die wichtigste Botschaft an dieser Stelle ist mir, dass Sie Ihre Wahrnehmung auf das lenken, was es in Ihnen denkt. Diese Formulierung drückt die Wahrheit aus: Das meiste denkt es in Ihnen schon automatisch, und Sie sind sich dessen oft gar nicht bewusst. Das ändert sich, wenn wir ruhig und ohne Wertung unsere liebevolle Aufmerksamkeit auf unsere Gedanken lenken. Dies ist für viele ein ähnliches Projekt wie nach Jahren mal wieder auf den Speicher oder in den Keller zu gehen. Haben Sie einen überfüllten Keller? Steht er voller aller Sachen, die Sie schon längst nicht mehr brauchen und eigentlich entsorgen wollen? Wann waren Sie das letzte Mal in Ihrem Keller oder Speicher? Ähnlich steht es um Ihren Kopf und Ihre Gedanken.

3.1 Übung 1: „Gedanken niederschreiben"

Hier geht es darum, einfach nur den Fokus Ihrer Wahrnehmung auf die Gedanken Ihres Verstanden zu richten. Nehmen Sie also ein Heft oder einen Block und setzten Sie sich einfach bequem hin.

Schreiben Sie dann all das nieder, was Ihnen durch den Kopf geht, ohne jede Bewertung und ohne stilistische Ansprüche. Sie brauchen diese Gedankenzettel nicht aufheben, sorgen Sie dafür, dass Sie auch niemand anders zu Gesicht bekommt. Allein der Gedanke daran würde den freien Schreibfluss hemmen. Wenn Ihnen nichts einfällt, schreiben Sie: „Mir fällt nichts ein, was für eine blöde Übung, ich könnte so viel Wichtiges schaffen in dieser Zeit, Wäsche bügeln…"

Setzen Sie sich ein Limit: Schreiben Sie zunächst mindestens 3 Seiten. Ja, 3 Seiten!

Diese Übung praktizieren Sie, wann immer Sie wollen: Schon gleich am Morgen, nachmittags oder vor dem Einschlafen. Diese

Übung sollten Sie vor allem dann machen, wenn Sie bemerken, dass Sie grübeln und sich mit Glaubenssätzen bombardieren. Auch bei Schlaflosigkeit in der Nacht ist dies ein gutes Schlafmittel: Stehen Sie auf, gehen Sie in einen anderen Raum und schreiben, bis Sie ruhiger werden. Mit Sicherheit können Sie danach wieder einschlafen.

Nach einiger Zeit mit diesem regelmäßigen Ritual werden Sie feststellen, dass sich etwas verändert: Sie werden ruhiger und Sie stellen zunehmend fest, dass Sie Ihre Gedanken auf diese Art beobachten können. Das ist eine wichtige Erkenntnis: Die meisten Menschen in der heutigen westlichen Welt identifizieren sich völlig mit ihren Gedanken. Ja, sie sind meist ihre Gedanken oder werden dazu. Wenn Sie jetzt aber den Beobachter in sich stärken, schaffen Sie sich zu jedem Gendanken in Ihnen diese kleine Distanz, diesen freien Moment. Der wird in Folge noch von großer Wichtigkeit sein.

Wenn Sie mit dem Gedanken niederschreiben vertraut sind, gehen Sie zur nächsten Übung.

3.2 Übung 2: „Fragen beantworten"

Wieder nehmen Sie sich für diese Übung einen Stift und Papier. Diesmal schreiben Sie Ihre Antworten auf, die Ihnen zu einer elementaren Frage im Leben einfallen, z.B.: Was denke ich von mir selber?

Nehmen Sie sich für diese Frage mindestens eine halbe Stunde Zeit. Diesmal sollten Sie die Antworten an einem sicheren Ort aufheben und immer wieder und mehr konkretisieren, bis Sie zu der Frage ein Bündel an Antworten haben. Diese Übung können Sie natürlich mit allen Fragen machen, die für Sie wirklich wesentlich sind. Da wären folgende als Beispiel:

Wie soll der Partner an meiner Seite sein? Welcher Beruf ist mir auch Berufung? Was bringt mir tiefe Freude und Zufriedenheit?

Halten Sie das Niveau Ihrer Fragen hier wirklich auf diesem Level. Sollte Ihnen das schwer fallen, machen Sie weitere Wochen regelmäßig die Übung 1. Der hierdurch fortgesetzte Reinigungsprozess bringt Sie näher an Ihre wesentlichen Fragen heran.

Wenn Sie sich länger mit der Frage „Was denke ich von mir?" beschäftigen, wird einiges in Ihnen in Gang kommen: Mit hoher Wahrscheinlichkeit tauchen hier auch und sehr konkret Ihre persönlichen Glaubenssätze auf, die Sie bislang gedacht haben, oft ohne sich dessen bewusst zu sein. Sie haben diese auch nicht immer gedacht. Aber im Laufe des Lebens kommen solche Sätze durch Eltern, Geschwister, Freunde, Lehrer, Liebhaber, Ehepartner usw. in unsere Köpfe.

Machen Sie nun zu jeder Frage zwei Rubriken: In einer sammeln Sie alle Sätze, die Ihnen guttun und die beschreiben, dass Sie ein wunderbarer Mensch sind:

„ Ich bin sexy." „Ich bin selbstbewusst." „Ich kann Autos reparieren." „Ich habe wunderbare Kinder."

Spüren Sie, wie gut Ihnen diese Sätze tun? Bewahren Sie diese gut auf und schauen Sie sie immer wieder an. Dazu später mehr, wenn es um Ihre Halle der Freude und des Ruhmes geht.

Dann wenden Sie sich allen Antworten zu, die Sie runterziehen und mit denen Sie sich schlecht fühlen, weil Sie sekundäre (und somit falsche!) Gefühle in Ihnen erzeugen:

„Ich sollte abnehmen." „Ich müsste klüger sein." „Ich hätte studieren sollen." „Ich bin eine schlechte Mutter."

Da Sie durch Übung 1 Ihren Inneren Beobachter kennengelernt und gestärkt haben, können Sie jetzt mit der nächsten Übung noch mehr Raum und Distanz zwischen sich und diese Gedanken bringen.

3.3 Übung 3: „Raum gewinnen"

Beobachten Sie zukünftig auftauchende negative Glaubenssätze. Statt diese Sätze wie sonst sofort zu glauben, zu fühlen, nach ihnen zu leben (oder auch: sie abzustreiten, wegschicken zu wollen, zu leugnen!) setzen Sie in diese Lücke gedanklich jetzt immer einen Kommentar wie:

„Faszinierend!" „Interessant, was ich da denke!" „Das ist ja spannend!" „Ja, wo kommt das denn her?"

Probieren Sie jeweils aus, welcher Kommentar als Lückenfüller für Sie am besten passt und erfinden Sie sonst weitere Kommentare. Sie erkennen die Stimmigkeit Ihres Kommentars an folgenden Reaktionen:

Sie kommen immer mehr in die Lage, diesen Glaubenssatz genau zu studieren und zu beobachten.

Zunehmend werden Ihre Kommentare Sie dazu bringen, über diesen Glaubenssatz zu schmunzeln.

Manchmal können Sie dann plötzlich erkennen, wie er in Ihr Leben kam. Genauer noch, Sie erinnern wieder, wer ihn Ihnen in den Verstand gepflanzt hat. Eine zusätzliche und unterstützende Übung ist die folgende.

3.4 Übung 4: „Kopfkino"

Machen Sie es sich im Sitzen bequem. Setzen Sie sich aber so, dass Sie auf ein Stück freie Wand sehen können. Stellen Sie sich dann vor, dass Sie auf diesem freien Stück Wand eine Kinoleinwand erscheinen lassen. Dort spielen Sie sich einen Glaubenssatz szenisch wie einen Film vor, etwa den

Glaubenssatz: Ich bin zu dick!

Vertrauen Sie Ihrer Fantasie, es werden Bilder kommen. Abfällige Bemerkungen einer Freundin, Demütigung durch einen Liebhaber, kritische Bemerkungen der Eltern und so weiter. Lassen Sie den Film laufen, so lange er Sie interessiert. Bleiben Sie in Distanz, wie wenn Sie beiläufig auf einen Film sehen, den Sie schon sehr gut kennen. Wenn die Aufmerksamkeit schwindet oder Sie keine Lust mehr haben, lassen Sie die Leinwand in Ihrer Vorstellung immer kleiner werden, bis sie nur noch ein kleiner Punkt an der Wand ist, der schließlich auch verschwindet. Dann stehen Sie auf, recken und strecken sich, schütteln sich auch, wenn Sie mögen und gehen Ihren Tagesgeschäften nach.

Diese Übung sollten Sie regelmäßig mit all den aus dem Schreiben gewonnenen Glaubenssätzen machen. Beginnen Sie mit den leichteren Kalibern und tasten sich dann an den für Sie unangenehmsten Glaubenssatz heran.

Diese Übung ist auch ein wunderbares „Notfallmedikament" bei akuten seelischen Kränkungen und Verletzungen: Wenn Ihr Chef oder Partner Sie beleidigt hat, ziehen Sie sich, sobald es Ihnen möglich ist, an einen Ort zurück, in dem Sie die „Kopfkinoübung" ungestört machen können. Lassen Sie die erlebte und kränkende Situation als Film wie gehabt immer wieder ablaufen.

Experimentieren Sie dann mit der Filmgeschwindigkeit: Spielen Sie die Szene etwa schneller ab und in Schwarz-Weiß wie einen alten Charlie Chaplin Film. Geben Sie allen Personen, auch sich selbst, piepsige Zeichentrickstimmen.

Variieren Sie Distanz und Nähe: Wenn Ihr Schmerz groß ist, lassen Sie den Bildschirm kleiner werden. Wenn Sie Interesse spüren und verstehen wollen, was eigentlich genau passiert ist, holen Sie die Szene wieder heran und zeigen Sie sie sich selbst aus verschiedenen Perspektiven. Wenn Sie das Gefühl einer ausreichenden Ruhe und Distanz haben, lassen Sie den Bildschirm wieder verschwinden – oder lassen am Schluss auf der vorgestellten Leinwand ein großes ENDE erscheinen.

Wenn Sie mit den vorgeschlagenen Übungen vertraut sind und sie einige Zeit angewendet haben, dann werden Sie erstaunliche Veränderungen feststellen und auch sehr genießen:

Sie bleiben gelassener, auch wenn man Ihnen übel mitspielt. Sie entscheiden in Zukunft, ob Sie spontan einem emotionalen Handlungsimpuls folgen oder sich erst zurückziehen, um in Ruhe zu sehen, was eigentlich genau passiert ist. Das Leben mit all seinen Kapriolen beginnt Ihnen noch mehr Spaß zu machen. Sie werden ein Forscher in ihrer eigenen Welt.

Den Frauen unter den Lesern rät Madame Missou an dieser Stelle ganz besonders:

Da wir als Frauen das Drama und die Show lieben, spielen Sie mit. Machen Sie sich so auch gleichzeitig zur Regisseurin im Film Ihres Lebens. Wenn bei Ihnen nur Drama ist, streuen Sie mehr und mehr komödiantische Elemente ein. Lachen Sie über sich selbst und Ihre Missgeschicke. Erkennen Sie beides an: Licht und Schatten, Freude und Trauer, Erfolg und Verlust. Machen Sie aus eventuellem Drama auch einmal eine Komödie. Na, wenigstens eine Dramödie.

4. Der Schlüssel zur Freude: Selbstakzeptanz

Inzwischen hat sich Ihr Blick auf sich selber und auf Ihr Leben gewandelt. Sie sind in der Lage, Ihr Gedankenchaos zu sortieren. Sie wissen immer genauer, was primäre Gefühle sind. In diese gehen Sie hinein, fühlen sie, drücken sie aus, genießen sie. Und auch das wunderbare und befreiende Gefühl danach. Hierbei können Sie sehr gut Ihren Atem als Helfer benutzen: Atmen Sie ruhig und tief, versuchen Sie aber dennoch, den Atem nicht weiter zu kontrollieren. Lassen Sie ihn in seinem freien Lauf, und er führt Sie sicher zu Ihren Gefühlen. Greifen Sie nur ein, wenn Ihr Atem wieder flach und stockend wird. Dieses Wissen ist uralt, aber in unserem Alltag in Vergessenheit geraten. In der Umgangssprache hat sich das Wissen um die positive und fördernde Kraft des Atmens noch gehalten. Sicher haben auch Sie schon einmal zu einem in Angst erstarrten und erschreckten Mensch gesagt: *„Komm, jetzt atme erst mal tief durch."* Genau, damit er nicht in diesem Zustand verharren muss, sondern in Kontakt mit den zugehörigen primären Gefühlen kommt und so im Fluss des gegenwärtigen Lebens bleibt.

Die Wahrnehmung Ihrer Glaubenssätze schafft eine wichtige Erkenntnis: Ich habe mich bisher selber schlecht gedacht. Das kann ich ändern. Und das kann nur ich tun, und ich muss damit beginnen.

Wenn Sie etwa einsam sind und sich nach einem Partner sehnen, prüfen Sie, was es dazu in Ihnen denkt:

„Jawohl, ich bin eine wunderbare Frau mit einer starken Ausstrahlung. Ich bin ein Segen für jeden Mensch, dem ich begegne. Der Mann, den ich liebe und der mich liebt, ist ein wahrer Glückspilz, weil er mich getroffen hat."

Oder denkt es:

„Oh Gott, ich finde mich so furchtbar und unsexy. Ich falle mit der Zeit jedem auf den Wecker mit meiner Art. Ich muss schon viel Glück haben, wenn ich noch einen einigermaßen akzeptablen Kerl abkriegen will. Am Ende geht er dann doch immer fremd, und irgendwann will er dann weg von mir."

Hand aufs Herz: Wenn Sie solche Sätze denken und mit jeder Zelle Ihres Körpers ausstrahlen, warum sollte ein Mann Sie dann wunderbar und sexy finden? Gleiches gilt für die Gedankenwelt der männlichen Leser.

Wenn Sie das übertrieben finden, dann machen Sie die beiden folgenden Übungen als Test.

4.1 Übung 5: „Spieglein, Spieglein in der Hand"

Nehmen Sie sich einen Handspiegel und eine Viertelstunde ungestörte Zeit. Setzen Sie sich bequem hin und achten Sie auf eine gute, aber angenehme Beleuchtung. Dann schauen Sie sich ins Gesicht. Was das soll? In den Spiegel schauen Sie doch jeden Tag und mehrfach? Oh ja, gerade Frauen tun dies. Aber beobachten Sie jetzt, wie Sie es meist tun: Kritisch, prüfend, nörgelnd, bewertend, bedauernd. Lassen Sie dies jetzt auch zu und bewerten Sie es nicht. Beobachten Sie nur. Benutzen Sie bei abwertenden Gedanken auch Ihren Kommentar aus Übung 3. Denkt es also: „Boh, wie hässlich ist diese große Nase!" – dann kommentieren Sie diese Feststellung etwa mit: „Interessanter Gedanke. Wo kommt der denn her?" Machen Sie weiter, wirklich eine Viertelstunde. Es werden wahrscheinlich die gefühlt längsten 15 Minuten Ihres Lebens. Versuchen Sie mehr und mehr, im Spiegel sich selbst in die Augen zu schauen. Sicherlich haben Sie auch schon gelesen, dass unsere Augen die Spiegel der Seele sind. Wenn Sie den Blick in Ihre eigenen Augen halten können, schauen Sie also tief in Ihre Seele.

Wiederholen Sie diese Übung gelegentlich. Neu entdeckte Glaubenssätze können Sie mit genannten Übungen „behandeln". Mit der Zeit werden Sie ruhiger, wenn Sie sich betrachten. Sie werden es zunehmend mögen und genießen. Sonst probieren Sie einfach, wenn Sie sich in Zukunft im Spiegel begegnen, probeweise als Begrüßung den Satz: „Wow, bin ich schön."

Wenn Sie mit dieser Übung vertrauter geworden sind, können sie die folgende aufbauende Übung versuchen.

4.2 Übung 6: „Spieglein, Spieglein an der Wand"

Sicher haben Sie in Ihrer Wohnung einen Spiegel, in dem Sie sich in Gänze oder nahezu komplett betrachten können. „Wie jetzt, das tue ich doch auch jeden Tag!" Langsam, ich war noch nicht fertig. Nehmen Sie sich auch hier ungestörte 10 Minuten Zeit. Und nun stellt sich die wunderbare Eva und der tolle Adam jetzt so vor den Spiegel, wie Gott Sie geschaffen hat: Nackt. Gehen Sie ähnlich vor wie bei Übung 5: Nehmen Sie ohne Wertung Ihre Gedanken wahr. Vielleicht entdecken Sie auch hier neue negative Glaubenssätze über sich. Lassen Sie sich Zeit und wiederholen Sie diese Übung immer wieder. Auch hier wird ein Wandel stattfinden. Beginnen Sie mit den Regionen Ihres Körpers, die Sie mögen. Versorgen Sie diese bewusst mit guten Gedanken. Setzen Sie dies fort, bis Sie mit Ihrem Körper mehr und mehr in den Frieden kommen und ihn annehmen, wie er jetzt ist.

Wichtig: Das heißt nicht, dass Sie sich nicht ändern dürfen. Aber Sie tun dies jetzt von einem Punkt der Wahrheit und der Selbstakzeptanz.

4.3 Aufbau von Selbstwertgefühl

Ein Beispiel: Vielleicht meinen Sie ja, Sie wären zu dick. (Es soll Frauen und auch Männer geben, die so etwas Komisches denken!)Fragen Sie sich, wann und warum Ihr Körper mit Ihnen und für Sie diesen Schutzpanzer angelegt hat. Wenn es etwa nach einer Trennung war, dann beschäftigen Sie sich mit den Aspekten, die Sie bezüglich dieser Trennung noch immer nicht verarbeitet, in diesem Falle also nicht losgelassen haben. Danken Sie sich und Ihrem Körper, dass er Sie schützen will. Überzeugen Sie ihn und sich, dass Sie einen solchen Panzer jetzt nicht mehr brauchen, da Sie andere Möglichkeiten haben, mit Verletzung umzugehen. Erinnern Sie sich noch an Übung 3 (Raum gewinnen) und Übung 4 (Kopfkino)? Probieren Sie es damit!

Natürlich können Sie auch Ihre Ess- und Bewegungsgewohnheiten verbessern. Aber nur in Verbindung mit Selbstakzeptanz verhindern Sie den Jo-Jo-Effekt jeder „plumpen" Diät. Sie sind bereits wunderbar und vollkommen, so wie Sie jetzt sind. Und Sie dürfen gerne noch strahlender, leuchtender, beweglicher und gesünder werden. Das machen sie aber jetzt aus Liebe zu sich, nicht aus Selbsthass!

Wenn Sie hier Ihre ersten Erfolge feiern, dann entdecken Sie auch eine der größten Lügen, mit der heute fast jeder Mensch durch das Leben geht. Sie lautet: Wir brauchen noch heute als Erwachsene andere Menschen für die Entstehung und Stabilisierung eines guten Selbstwertgefühls.

Diese falsche Vorstellung kommt noch aus unserer Kinderseele. Als kleine Kinder sind wir völlig abhängig von unseren Eltern oder den Personen, die uns aufziehen. Eine ideale Erziehung würde jetztdarauf achten, dass uns diese Menschen stärken in dem positiven Selbstbild, das wir als Babys mit auf diese Welt gebracht haben. Wann haben Sie zuletzt ein Baby im Arm gehalten und betrachtet? Wenn Ihnen das fremd ist, sollten Sie es gelegentlich tun. Diese kleinen Menschen sind voller Freude und Selbstliebe, sie sind ganz im Hier und Jetzt und leben und genießen ihre primären Gefühle, denn sie haben noch keine sekundären Gefühle. Und warum? Sie wissen es jetzt auch: Babys haben auch noch keine negativen Glaubenssätze. All das kommt erst mit der Zeit durch den komplexen und jahrelangen Erziehungs- und Sozialisationsprozess. Real sind wir nur als Kinder von Erwachsenen abhängig gewesen. Da diese aber in der Regel ihre Liebe, Zuwendung und die Versorgung unserer Bedürfnisse von Bedingungen abhängig gemacht haben, entsteht in uns allen das Gefühl von Abhängigkeit und die Idee, andere Menschen zum Überleben brauchen zu müssen. Heute brauchen Sie niemanden zum Überleben, auch nicht zum Glück. Nehmen Sie sich die Freiheit, für Ihr persönliches Glück und Wohl auch selbst zu sorgen.

Ja, aber sollen wir denn dann für immer alleine bleiben?

Nein, natürlich nicht.

Hier sagt Ihnen Madame Missou aus ganzem Herzen:

Kommen Sie in die Freude und Fülle mit sich selbst. Dann werden Sie Menschen finden, die genauso in Fülle leben und diese und ihre Freude mit Ihnen teilen wollen. Klingt das nicht phantastisch? Kommen Sie zum Picknick Ihres Lebens. Sie geben und empfangen reichlich. Hier ist kein Platz mehr für Schnorrer, Muffel und Beischlafbettler. Hier wird gefeiert, weil alle viele Gaben mitgebracht haben, und jeder hat auch andere, die Sie noch nicht kennen. Ist das nicht verlockend und aufregend?

5. Versöhnung: Ein Geschenk an uns selbst

Wenn Sie die bisherigen Übungen gemacht haben, wird als „Nebenprodukt" für Sie auch deutlich geworden sein, mit wie vielen Menschen der Gegenwart und der Vergangenheit Sie nicht im Frieden leben. Als da wären: Papa, Mama, Schwester, Bruder, weitere Verwandte, Freundinnen, Lehrer, Ex-Liebhaber, Ex-Männer/Frauen, Ex-Nachbarn, Chefs…

Erschreckt Sie die Anzahl dieser Menschen nicht auch? Oder haben Sie das Gefühl, Sie sind mit allen Menschen ihre Lebens im Reinen? Dann machen Sie sich bitte klar, dass es hier bei den genannten Personen des Unfriedens oft um die Personen Ihrer früheren Tage, wie etwa Papa und Mama, nicht um die inzwischen gealterten Eltern von Heute geht. Es geht um Mama und Papa Ihrer Kindheit. Spätestens hier gibt es bei allen Menschen Sätze wie:

Sie hätten mich mehr beachten müssen! Sie hätten mich mehr lieben sollen! Sie hätten mich besser schützen müssen … und so weiter. Dies ist ein Gedanke unseres Verstandes. Und er ist nicht wahr. Sie können es überprüfen: Es wird Ihnen schlecht damit gehen, noch heute so zu denken. Dies ist immer der Beweis dafür, dass dieser Gedanke nicht stimmt. Das Gefühl, das er erzeugt, ist ein sekundäres Gefühl. Sie wissen nicht mehr was das ist? Schauen Sie noch einmal im zweiten Kapitel unter 2.3 nach.

Lassen Sie uns folgend aber jetzt mit den Personen, mit denen wir im Unfrieden sind, konkret werden:

5.1 Übung 7: „Personen des Unfriedens"

Nehmen Sie sich eine ruhige Stunde Zeit und denken über die Menschen in ihrem aktuellen und vergangenen Leben nach. Spüren Sie mit dem ganzen Körper in die Thematik hinein. Wo gibt es da Unzufriedenheit bei Ihnen? Wo bemerken Sie Anspannung, Wut oder Traurigkeit? Notieren sie sich einfach nur den Namen dieser Person. Dann erinnern Sie sich, wann genau der Unfrieden mit diesem Menschen begann und schreiben die Zeit dahinter und, wenn Sie so etwas erkennen können, den konkreten Anlass.

Da könnte also jetzt so etwas bei Ihnen stehen:

- Papa – als er Mama und mich verließ
- Mama – als sie anfing, immer traurig zu sein
- Mein erster Freund Lutz – als er mich verlassen hat
- Herr Schulze, Abteilungsleiter – vor 4 Jahren, als er mich nicht für die interne Fortbildungsmaßnahme vorgeschlagen hat …

Nehmen Sie sich diese Liste immer wieder vor und verändern und ergänzen Sie diese, bis Sie das Gefühl haben, sie ist vollständig. Dann machen Sie damit den nächsten Schritt.

5.2 Übung 8: „Liste der Urteile"

Wenn Sie sich durchlesen, wer da so auf Ihrer Liste steht, dann fallen Ihnen sicherlich gleich Sätze ein, mit denen Sie die Personen und die mit ihnen verbundenen Situationen kommentieren können.

Schreiben Sie zunächst alles auf, was Ihnen mit Zielrichtung auf die Personen Ihrer Liste einfällt:

- Du hättest mich beschützen sollen.
- Du hast mich nie richtig geliebt!
- Du hättest mich nie verlassen dürfen!
- Du hättest mir treu sein sollen!
- Du hättest mich nicht mit meiner besten Freundin betrügen dürfen!
- Sie hätten mich zur Fortbildung vorschlagen müssen!

- Sie bevorzugen immer meine Kollegen!

Spüren Sie, was diese Sätze mit Ihnen machen: Sie erzeugen sekundäre Gefühle, die Sie herunterziehen und die Sie demütigen. Die gute Nachricht kennen Sie aber schon aus Kapitel 2: Diese Sätze sind nicht wahr!

Schreiben Sie jetzt eine weitere Liste auf mit den resultierenden Glaubenssätzen, die Sie somit über sich selbst haben. Wenn ich mich auf meine oben benannten Beispiele beziehe, steht dann da so etwas wie:

- Ich bin schutzlos.
- Ich bin ungeliebt.
- Ich bin einsam und verlassen.
- Ich bin es nicht wert, geliebt zu werden.
- Ich wurde und werde betrogen.
- Ich bin ein schlechter Mitarbeiter.

Heben Sie diese Listen auf, wie brauchen sie später noch.

Hier stehen also nun Glaubenssätze über Sie selbst, die schlechte sekundäre Gefühle auslösen. Auch für diese gilt: Sie sind nicht wahr. Sie sind ein Produkt Ihres Verstandes, der sich und Ihnen auf diese Art vermeintlich die Welt mit all ihren Vorkommnissen erklärt. Diese Sichtweise dürfen Sie ab heute aber überprüfen. Es wäre nicht das erste Mal in der Menschheitsgeschichte, dass eine gewohnheitsmäßige Ansicht der Dinge und der Welt sich als falsch herausstellt.

5.3 Die kopernikanische Wende

Versöhnung wird meistens, wenn Sie sich einmal bei sich und anderen umsehen, so gehandhabt:

Ich wurde von Jemandem gekränkt oder verletzt. Nun biete ich, großzügig wie ich bin, eventuell und nach längerer Zeit des berechtigten Grolls meine Versöhnungsbereitschaft an. Die Botschaft darin enthält aber eine versteckte Drohung:

„Dieses eine Mal noch will ich gnädig mit Dir sein. Aber wehe, wenn Du Gleiches noch einmal mit mir machst, dann ist aber Schluss mit lustig."

Mit Versöhnung, wie ich es hier meine, hat dies nichts, aber auch gar nichts zu tun.

Diese Anschuldigung gegen andere Menschen schwächt und verletzt mich selbst. Durch die Listen aus Übung 8 kann mir spätestens bewusst werden, welche ständigen gedanklichen und körperlichen Bestrafungen ich da auch an mir selbst vornehme. Ich erneuere diese Verletzungen dadurch wieder und wieder, indem ich meine Vorwürfe gegen die vermeintlichen „Täter" ständig wiederhole. Es ist mir gar nicht mehr möglich, die andere Person so zu sehen, wie sie wirklich ist. Meine innerlich immer wieder vorgetragenen Anschuldigungen stehen im Weg. Es werden Glaubenssätze daraus:

Du bist gemein. Du hast mich nicht mehr lieb. Du solltest mich mehr beachten.

Aus der bisherigen Lektüre wissen Sie aber nun, was aus Glaubenssätzen resultiert: Sekundäre Gefühle! Und diese ziehen Sie runter und machen Sie auf Dauer miesepetrig und hässlich.

Wenn wir unsere eigenen Fehler und Missetaten ansehen, erkennen wir oft erstaunlich schnell: Wir konnten zu dem damaligen Zeitpunkt und Bewusstseinszustand nicht anders handeln. Also sollten wir mit Versöhnung bei uns beginnen:

Verzeihen Sie sich, was immer Sie anderen angetan haben. Klagen Sie sich nicht deswegen bis heute an. Machen Sie es ab heute einfach anders. Wenn Sie dieses Geschenk sich selbst machen können, dann können Sie es auch anderen Menschen geben. Ganz besonders denen, durch die Sie selbst verletzt wurden.

Warum ich das mit einer kopernikanischen Wende überschreibe? Nun, es ist in seiner Auswirkung ein ähnlich grundsätzlich erschütternder Vorgang wie die Schriften des Kopernikus im 16. Jahrhundert. Dieser machte die Sonne zum Mittelpunkt unseres Systems und nicht mehr die Erde, um die sich vermeintlich alles drehte bis dahin. Ein grundsätzlich anderes Weltbild entsteht, oder wie man heute so sagt, ein neues Paradigma:

Habe ich bislang andere beschuldigt und so meine Macht abgeben, nehme ich die Energie jetzt zu mir zurück und die Verantwortung für die in mir entstandenen Gefühle und Denkweisen. Nur ich habe die Möglichkeit dazu. Aus meiner Ohnmacht komme ich so zurück in meine Kraft. Ich ermächtige mich.

5.4 Die Macht in mir

Nun dämmert vielleicht eine weitere Konsequenz aus dem bisher Gelesenen und Geübten in Ihnen: Andere haben heute, wo wir erwachsen und selbstbestimmt leben können, niemals die Macht, uns zu verletzen. Auch wenn es uns immer so erscheint, sie erinnern uns dann nur an eine alte Wunde, die man uns einmal schlug. Konkret und an einem Beispiel sieht dies so:

In Beschreibung der Übung 7 ließ ich einen Papa auftauchen, der durch sein Weggehen nach einer Scheidung das Gefühl auslöste, verlassen zu werden. Wohlgemerkt: Dies ist ein primäres Gefühl. Später war es dann der erste Freund Lutz, der wieder dieses Gefühl in mir auslöste – und das bis heute tut, wenn ich nur an ihn denke. Dies ist ein Indiz dafür, dass Lutz in mir ein sekundäres Gefühl auslöst: Natürlich ist es traurig, wenn Lutz mich verlässt. Aber als primäres Gefühl hätte ich es zu seiner Zeit gelebt und gefühlt, und dann wäre es damit abgeschlossen gewesen. Nach Lutz kamen doch noch andere Männer, auf die sich das warten gelohnt hat, oder etwa nicht? Aber der Vorwurf, der bis heute nagt, resultiert daher, dass Lutz mich an meinen Vater erinnert hat, der auch damals ging. Die primären Gefühle dazu konnte ich als Kind nicht ausdrücken: Zu stark war der Schock, oder zu sehr wollte ich auf Mama Rücksicht nehmen, die ja auch traurig war und die ich nicht noch mehr belasten wollte. Uns Kindern hat man ja meist irgendwann nicht mehr erlaubt, primäre Gefühle auszudrücken und so die verbundene Situation angemessen und zeitnah zu verarbeiten. Damit kann ich heute Schluss machen. Wenn ich heute endlich den Verlust der täglichen Nähe zum Vater meiner Kindheit betrauern kann, hören die verbundenen Glaubenssätze und resultierenden sekundären Gefühle bald auf zu existieren.

Die Situationen werden immer seltener, in denen mich eine vermeintliche Kränkung eines anderen wirklich betrifft. Ähnlich wie bei den asiatischen Kampfkünsten trete ich einen Schritt beiseite und sage: Interessant. So geht der Teil der Energie, der nicht mir gehört, an den Absender zurück. Möge der andere sein Verhalten neu bedenken und verändern – es ist und bleibt seine Sache. Hören Sie also auf sich zu grämen oder gar zu kümmern. So haben Sie vielleicht auch schon aus einem Mann an Ihrer Seite einen Frosch gemacht.

Madame Missou möchte Ihnen hier aus eigener Erfahrung sagen: Sehen Sie sich jeden Frosch einmal mit Interesse und ganz genau an, den Sie in Ihrer Hand halten. Ist er nicht auch sehr niedlich? Betrachten Sie ihn wie ein wohlwollender Forscher. Wenn Sie das tun, vergeht der

Impuls, dieses kleine Ding gleich an die Wand zu werfen. Sie erkennen jetzt den Sinngehalt desbekannten Märchens: Küssen Sie diesen Frosch. Er wird sich vielleicht nicht in einen Prinzen verwandeln. Aber in einen Mann, den Sie lieben und respektieren können. Ist das nicht zauberhaft? Und es ist durch Sie geschehen.

6. Drei Schritte zur Veränderung

So unterschiedlich die Themen der Menschen auch sein mögen, so gibt es doch ein erkennbares Muster, wenn es um positive und dauerhafte Veränderung geht. Sie vollzieht sich meist in drei Schritten:

- Zunächst geht es darum, einen Zustand, den Sie verändern möchten, so **wahrzunehmen**, wie er aktuell gerade wirklich ist.
- Im zweiten Schritt **würdigen** Sie diesen Zustand mit allem, was zu ihm gehört und geführt hat.
- Der dritte Schritt geht dann oft fast von selbst: **Wandlung** geschieht.

6.1 Wahrnehmen

Wenn Sie erste Schritte unternommen haben, den Beobachter in sich zu stärken, werden Sie langsam bemerken, wie sich Ihre Wahrnehmung von sich selber, von anderen und dem Leben verändert. Ihr Verstand wird dennoch weiterhin öfter anderer Meinung sein, das liegt in seiner Natur. Er kann nicht anders, und wir selber haben ihn so programmiert. Aber auch daran haben Sie sich gewöhnt, und wenn Sie ihm einfache und wertfreie Aufmerksamkeit geben, ohne ihm gleich alles zu glauben, dann ist das o.K. Sie aber bleiben bei der neugewonnenen Form der Wahrnehmung.

Hier taucht häufig folgender Einwand auf:

Ja, soll ich jetzt nur noch alles positiv wahrnehmen? Das ist doch falsch, ich blende da einen Teil der Welt aus. Ich will die Welt sehen, wie sie ist.

Der Einwand hat Berechtigung, daher möchte ich kurz auf das Phänomen der Wahrnehmung im Zustand der Unklarheit und im

Zustand der Klarheit eingehen.

Der Wunsch, die Welt so zu sehen, wie sie ist, ist ein gutes Ziel. Genau darum geht es ja. Doch wenn wir glauben, dass wir das bereits tun, dann irren wir uns. Der Verstand mag uns Klarheit suggerieren, obwohl wir noch komplett in der Unklarheit sind. Wie subjektiv unsere Wahrnehmung ist und von unseren inneren und uns meist verborgenen Motiven geprägt, zeigen viele Situationen im Alltag oder kleine Wahrnehmungsexperimente. Die innere Bühne meiner Themen bestimmt, was ich wahrnehme:

Wenn eine Frau schwanger ist, sieht sie überall andere Schwangere und kleine Kinder. Haben Sie sich gerade ein schickes neues Kleid oder ein cooles Auto gekauft, schwupps: Vermeintlich sehen Sie Ihr schickes oder cooles Ding jetzt überall.

Das gilt aber auch für die mit Leiden besetzten Themen: Wenn Sie 25 Kilo Übergewicht haben, sehen Sie wahrscheinlich überall schlanke und somit vermeintlich attraktivere Frauen. Und was macht es mit Ihnen: Es macht traurig, neidisch, wütend, und Ihr Selbstwert geht in den Keller. Sie gehen durch die Welt und denken ständig Ihr Mantra: Zu dick, zu dick, zu dick…

Es ist wie beim sprichwörtlichen Beispiel mit dem Wasserglas, das genau bis zur Mitte gefüllt ist: Je nach innerer Gestimmtheit ist für uns das Glas halbvoll oder halbleer. Wir können gar nicht anders. Die Welt, hauptsächlich über den Verstand wahrgenommen, kann nur in Polaritäten auftreten. Das Wahrgenommene steht dabei immer im Gegensatz zu einem Gegenpol: Etwas ist groß, weil anderes kleiner ist, etwas ist hart, weil anderes weicher ist und so weiter.

Die folgenreichste Trennung ist die in Gut und Böse. So wertend gehen wir durch die Welt und bemerken auch dann nicht, wie subjektiv diese Sichtweise ist. Was für mich und in meinem Kulturkreis Gut ist, kann für eine andere Person in einem anderen kulturellen Kontext Böse sein. Dennoch halten wir aus Gewohnheit an diesen Trennungen fest.

Die meisten Menschen bevorzugen, wenn sie die Alternativen nicht kennen, eine der beiden Sichtweisen. Wenn sie die andere wissen, sind sie auch in der Lage, die andere zu sehen. Beide gleichzeitig zu sehen, schaffen die wenigsten. Das ist aber auch gar nicht notwendig.

Wenn es uns gelingt, jeden Aspekt eines Menschen, eines Objektes oder einer Situation nacheinander wahrzunehmen, sind wir bereits aus dem Verharren an einem Pol einer Sache erwacht und reiben uns jetzt vielleicht erstaunt die Augen: Alles hat auch seinen Schatten, sein Gegenteil, seinen Widerspruch, und wir können und dürfen dies jetzt sehen.

Daher hier ein ganz wichtiger Hinweis: Der hier dargestellte Weg zur Versöhnung mit uns, den anderen und der Welt, hat nichts mit positivem Denken oder Wiederholung irgendwelcher positiver Affirmationen zu tun. Letztere Methode mag durchaus erfolgreich sein, sie ist es aber immer nur am Anfang.

Wenn ich durch die Welt gehe und mir ständig vorsage: Ich bin der schönste, erfolgreichste, reichste, begehrenswerteste Mensch der Welt, dann wird sich das eine Zeit lang gut anfühlen. Ich werde mich zunächst in diese Bild hineinentwickeln. Aber gemäß dem vorgestellten Gesetz der Polarität wird dadurch mein Schatten immer größer, bis er auf mich fällt. All die letztlich verdrängten negativen Gedanken und Gefühle prasseln mit Macht auf mich herein und wollen eben auch wahrgenommen und – ja, so schwer es auch fallen mag, gewürdigt werden. Das nur aufgesetzte positive Selbstbild stürzt in sich zusammen.

Als weiteres Beispiel sei der sogenannte Jo-Jo-Effekt bei Diäten genannt: Wenn eine Frau durch eine Diät nur ihre äußere Form verändert, ihre innere Einstellung zu sich selbst aber eine ablehnende und negative bleibt, dann wird diese unveränderte innere Haltung zu der rückführenden Energie, die eine neue und schlanke äußere Form schnell wieder in die ursprüngliche übergewichtige Form bringt.

6.2 Würdigen

Wenn Sie die Personen, mit denen Sie im Unfrieden sind, mit der im letzten Abschnitt beschriebenen Haltung wahrnehmen, können Sie mittlerweile ruhig bleiben. Je weniger Glaubenssätze sie nun noch produzieren, umso weniger lästige sekundäre Gefühle tauchen auf und trüben den Blick auf diese Personen. Ob diese nun noch Teil Ihres Lebens sind, weit weg oder gar schon tot, Sie können ruhig bleiben. Je entspannter Sie nun sind, umso mehr erkennen Sie: Alle anderen Menschen sind so wie Sie! Sie geben, immer im Rahmen ihrer Möglichkeiten, ihr Bestes. Auch wenn Sie verletzt wurden, es gibt keine bösen Menschen. Es gibt Menschen in Klarheit und Menschen, die noch aus tiefer Unklarheit handeln. Es ist gut, wenn Sie sich vor letztgenannten in Acht nehmen und es denen nicht mehr erlauben, Sie zu verletzen. Verurteilen müssen Sie diese Menschen aber jetzt nicht mehr. Beginnen Sie dann damit, sie zu würdigen. Ja, Sie haben richtig gelesen: Würdigen Sie alle Menschen, denen Sie auf Ihrem Lebensweg begegnet sind. Jeder hatte eine Botschaft für Sie, mit jedem konnten Sie eine Lektion lernen. Manche Lektion haben Sie vielleicht erst in den letzten Minuten beim Lesen dieses Buchs verstanden. Mir geht es nicht um Frömmigkeit hier. Der Akt des Würdigens bringt Sie in die Freiheit und holt Ihnen gebundene Energie wieder in ihr Leben.

Schauen Sie sich doch die sogenannten Rosenkriege an: Filme, Presse und Fernsehen geben uns dazu mehr als gewünscht Gelegenheit. Was sich zwei ehemalige Partner, sei es privat oder beruflich, nach der Trennung noch immer nachtragen, bindet sie genau so stark wie vorher Liebe oder Kollegialität. Wieviel sinnlose Kraft und Energie wird hier in destruktiven Prozessen verschwendet. Wer aber seine Vorwürfe und Urteile zurücknimmt, der ist frei. Das größte Missverständnis hierbei ist es, zu denken, dies wäre dann eine Niederlage. Dabei ist es der größte Sieg, den man nach einer solchen Trennung erringen kann. Sie sind frei, ungebunden im energetischen Sinn und können tun und lassen, was Sie wollen.

6.3 Wandeln

Dieses Wort verwende ich hier ganz bewusst. Nein, nicht nur, weil es auch mit W beginnt. Es bedeutet für mich zweierlei:

Es geht hier meist um tiefgreifende Prozesse. Wenn ich etwa aus Kummer und Traurigkeit dick geworden bin, dann kann ich nur dünner werden, wenn ich mich wohlwollend um die zugehörigen Gefühle gekümmert habe. Versöhnung mit wichtigen Menschen in Ihrem Leben berührt die wichtigsten Aspekte Ihres Lebens. Das Schöne daran ist, dass sich Erfolge hierbei auch überall in Ihrem Leben sofort positiv bemerkbar machen. Sie erkennen plötzlich Zusammenhänge, von denen Sie vorher nichts ahnten.

Der zweite Aspekt im Wort Wandlung ist, dass es mehr das Zulassen betont als ein aktives Handeln. Bis hierhin haben Sie ja aktiv eine Menge bewegt: Sie haben gelesen, Übungen gemacht und anstehende Veränderungen vorbereitet. Was dann? Dann lassen Sie los! Der Rest geschieht meist von selbst. Hierfür haben wir ein weiteres Wort mit W: Wunder!

Es ist wie bei den Menschen, die noch Landwirtschaft betreiben:

Diese ackern im wahrsten Sinne des Wortes, bis das Feld bestellt ist. Dann bleibt nur noch zu warten, dass die Saat aufgeht.

Viele Menschen, die im von mir hier beschriebenen Sinn Versöhnung vorbereitet haben, erzählen mir, dass sich schließlich wirklich kleine Wunder ereignen: Der Ex-Mann meldet sich plötzlich unerwartet und bittet um Entschuldigung für alles, was er tat. Die Mutter ist auf einmal viel milder gestimmt und lässt wieder Raum zum Atmen und Gestalten zu. Der Chef kommt, nur weil jemand innerlich seinen Frieden mit ihm gemacht hat, mit einem Lob und einer Gehaltserhöhung auf ihn zu.

Die Dinge wandeln sich in der Tat, und sie wandeln sich zum Guten.

Ich kann Ihnen nicht sagen, wie das genau funktioniert. Es ist wie bei Künstlern, Wissenschaftlern und anderen genialen Menschen: Fragt man diese, wie sie die entscheidende Wendung zur Vollendung in ihrem Werk gemacht haben – sie können es meist nicht erklären. Es ist geschehen.

7. Ich werde der Mensch, der ich immer schon war

Sie sind fast am Schluss dieses Buches angekommen. Mein Glückwunsch, auch das ist Ihre ganz persönliche Leistung. Sie haben nun sicherlich festgestellt, dass Ihr Blick auf sich und die Welt bisher sehr grob und verzerrt war. Mehr und mehr sind Sie aber in Kontakt mit der Leichtigkeit und Freude gekommen. Hierfür haben Sie aktiv Schritte unternommen oder werden es noch tun. Die Essenz dieses Weges möchte ich am Schluss noch einmal in eine letzte Übung bündeln, die Ihnen immer zur Verfügung steht. Auch ich selbst kenne bis heute Momente des Zweifelns, der Unsicherheit und des Grübelns. Ich suche dann meine Halle der Freude und des Ruhms auf. Das sollten Sie dann auch tun, es geht so:

7.1 Übung 9: „Die Halle der Freude und des Ruhms"

Es gibt zwei Möglichkeiten für die Realisierung dieser Übung, die Sie alternativ oder auch beide realisieren können: Einmal eine digitale Form auf einem PC oder Notebook und die reale Form mit einer Art Buch. Die Vorgabe ist bei beiden Varianten die Gleiche: Sammeln Sie Quellen, die zeigen, dass Sie eine wunderbare, liebenswerte und phantastische Person sind. Solche Quellen können vielfältig sein und auch gerne aus verschiedensten Zeiten stammen: Zeugnisse, auf die Sie stolz sind. Ein alter Liebesbrief, den Sie aufbewahrt haben (warum wohl?). Fotos von sich, auf denen Sie sich vorbehaltlos mögen. Urkunden, Arbeitsverträge, Reiseerinnerungen, Emails... Stöbern Sie in Ihren „Archiven", Sie werden mehr finden, als Sie glauben. Dann stellen Sie die Zeugnisse Ihrer Großartigkeit zu einer Kollage zusammen. Hierbei können Sie sich in einem PC eine Datei einrichten, in denen Sie all diese Dokumente eingescannt sammeln. Diese Variante hat den Vorteil, dass sie schnell und unauffällig verfügbar ist, wann immer Sie an einem

PC sitzen: Bei der Arbeit, zu Hause, unterwegs ... Der Sinn ist, dass Sie diese Ihre Halle des Ruhms immer wieder betreten, um sich darin wohl zu fühlen. Dies sollten Sie umso mehr dann tun, wenn sie deprimiert und ohne Selbstwertgefühl darnieder liegen.

In der zweiten Variante erstellen Sie ein Buch, in das Sie Kopien der gesammelten Zeugnisse Ihres Ruhms liebevoll und schön gestaltet zusammenfügen. Dieses Buch steht dann wahrscheinlich meist bei Ihnen zu Hause, oder Sie nehmen es auch einmal auf Reisen mit. Sie nehmen es in stillen Stunden des Zweifels zur Hand, blättern darin und werden feststellen, dass Sie ein wunderbarer Mensch sind und auch immer schon waren.

7.2 Übung 10: „Darf mein Leben leicht sein?"

Besonders für diese Übung gilt, was bei allen meinen vorgeschlagenen kleinen „Seelenworkouts" der Fall ist: Es wirkt nicht, wenn Sie es nicht tun. Und warum tun Sie es nicht? Aus vielen Gesprächen mit Frauen & Männern und auch aus eigener Erfahrung weiß ich, dass es besonders für Frauen aber auch für viele Männer schwer ist, sich zu rühmen. Das hat mit unserer Erziehung und Sozialisation zu tun. Besonders Frauen sollen primär für die anderen da sein. Außerdem haben wir gelernt, bescheiden und zurückhaltend zu sein, unser Licht unter den Scheffel zu stellen und niemals anzugeben. Das sitzt so tief, dass gerade die Übung mit der Ruhmeshalle sehr viel Widerstand und alte Glaubenssätze provozieren wird. Aber das kennen Sie ja nun schon, und wenn Sie bereits an dieser Stelle des Textes gekommen sind, kennen Sie einige kraftvolle Verfahren, alte Glaubenssätze zu verwandeln und aus ihnen Energiespender im positiven Sinne zu machen.

Es gibt noch einen sehr unauffälligen und doch auch sehr destruktiven Glaubenssatz, den ich Ihnen hier vorstellen möchte.

Gerade bei der Ruhmeshalle wird es in vielen von Ihnen, selbst wenn Sie der Übung mit positiver Wirkung gefolgt sind, das Folgende denken:

„Na, so einfach kann und darf das nicht sein. Ich möchte mich nicht von so billigen Taschenspielertricks manipulieren lassen."

Ihr Verstand ist ein ziemlicher Gauner, nicht wahr? Ich hatte sie gewarnt. Diese Meinung, die er hier äußert, ist weit verbreitet. Alles Leichte hat schnell den Makel des vermeintlich Oberflächlichen und Billigen. Damit etwas wirklich Substanz hat, muss es auch sehr schwer zu erlangen sein, es muss viel Zeit, Kraft, Mühe, Tränen und auch Geld kosten. Was tun wir uns da bloß an? Unsere Kinder und wirklich weise Menschen wissen, dass das eine der größten Lügen der Menschheit ist. Das Luftige, das Spielerische, das Spaßige erfreut unser Herz und lässt uns sagen: Schön, dass ich es so leicht habe. Das alte Programm hatte uns aber für lange Zeit das Gegenteil erzählt. Und selbst die, die es eigentlich besser wissen sollten, die Therapeuten und Therapeutinnen, predigen oft das Gleiche: Da muss viele Jahre therapeutisch hart gearbeitet werden, um vielleicht ein bisschen etwas zu verbessern. Warum? Natürlich auch, um sich selbst als Therapeut wichtig zu fühlen und die Pfründe auch in der Zukunft zu sichern. Aber auch, weil viele Therapeuten selbst auch unglückliche und unzufriedene Menschen sind. Will man da, dass es die eigenen Patienten leichter haben und das Glück wirklich finde? Nein.

Ich habe nichts gegen Psychotherapie, Beratung und Coaching. Wenn Sie die ersten Schritte durch den Schatten ins Licht lieber in Begleitung eines Experten gehen wollen, dann ist das Ihre Entscheidung. Tun Sie das. Aber mit dem Wissen, dass Sie sich bis hierhin angeeignet haben, sollten Sie dabei wählerisch sein. Prüfen Sie, was der Seelenführer Ihnen zu bieten hat. Nehmen

Sie genau wahr, ob Ihnen dieser Weg gut tut und Energie gibt. Wenn Sie da Zweifel haben sollten, dann überdenken Sie Ihren Schritt. Sprechen Sie Ihre Zweifel an, und wenn auch das nichts ändert: beenden Sie die Beratung oder Therapie. Sie scheint dann eher heimlich die alten Glaubenssätze zu stärken, als Ihr Leben leichter und luftiger zu machen.

So einfach ist die zehnte und damit letzte Übung: Lernen Sie, dass leicht fast immer gut ist.

7.3 Bilanz und Ausblick

Schauen Sie zurück, hier ist ein guter Zeitpunkt, Bilanz zu ziehen. Was hat sich für Sie durch die Übungen bereits gewandelt? Feiern Sie dies. Sie können stolz sein auf Ihren Mut und Ihr Geschick, die Verantwortung für Ihr Leben wieder machtvoll in die eigenen Hände genommen zu haben. Gibt es noch Punkte, die Ihre liebevolle Aufmerksamkeit verdienen? Dann gehen Sie die entsprechenden Kapitel des Buches erneut und immer wieder durch. Beschäftigen Sie sich intensiv mit den vorgeschlagenen Übungen. Und erfinden Sie neue, wenn Sie mögen. Eine selber kreierte Übung kann das kraftvollste Element auf Ihrem Weg sein.

Vielleicht haben Sie aber das Gefühl, es habe sich noch gar nichts getan. Dann schauen Sie bitte einmal genau hin, ob dies stimmt. Kann es nicht sein, dass Sie, überkritisch und voller Zweifel, die kleinen Triebe der Veränderung übersehen? Suchen sie gezielt nach ihnen.

Durch die Halle des Ruhms sollte Ihnen deutlich geworden sein, dass Sie in Ihrem Leben schon leicht, glücklich, erfolgreich und großartig gewesen sind. Sie haben es nur wieder vergessen, Ihre Großartigkeit aus den Augen verloren. Was aber schon einmal da war, kann wiederkommen. Sie merken, dass es gar nicht so sehr darum geht, Neues in Sie hinein zu bringen. Es geht eher darum, den hinderlichem Ballast, der sich mit den Jahren angesammelt hat, zu entfernen. Haben Sie noch ein Babyfoto von sich? Schauen Sie es sich an. Ist es nicht wunderbar, welche Kraft, welch Zutrauen, welch unerschütterliches Selbstbewusstsein von solch einem Bild ausgehen? Es gehört auch unbedingt in die Halle des Ruhms. Genießen Sie dieses Gefühl. Es ist eine Erinnerung.

Darum sagt Ihnen Madame Missou zum Schluss:

Werden Sie der Mensch, der Sie eigentlich immer schon sein wollten und waren. Sie wissen tief innen, wie ich das meine. Ihre innere Stimme, vielleicht noch sehr leise, aber hörbar, sie spricht von dort. Es ist ein wunderbares Abenteuer, sich zu entwickeln. Dafür mussten wir uns erst einmal auch verstricken in Glaubenssätze und sekundäre Gefühle. Aber diese können Sie ablegen. Ich habe Ihnen gezeigt, wie es geht.

8. Schlusswort

Ein Stück gemeinsamen Weges liegt hinter uns. Wie in der Einleitung schon gesagt, war und ist dieser Weg nicht immer einfach. Dies ist kein Buch zum einmal schnell Durchlesen und abhaken. Gönnen Sie sich die Muße, das Buch in Ruhe und mehrmals durchzulesen. Und machen Sie die Übungen – das ist der Schlüssel zum Erfolg.

Ich versprach, Sie hin zu Versöhnung und innerem Frieden zu begleiten. Nun hoffe ich, dass ich in Ihrem Sinne Wort gehalten habe und ich Sie nun sich selbst überlassen kann. Sicherlich haben Sie manches spannende Abenteuer erlebt bei den Übungen oder Sie haben es nun vor sich. Auch der Spaß und die Freude soll nicht zu kurz gekommen sein, denn dann können Sie die Übungen gerne immer wieder mit Freude und Leichtigkeit meistern. Stellen Sie all dies in Ihr Leben. Es macht Sie reich und glücklich!

Auf Ihrem ganz persönlichen Weg wünsche ich Ihnen alles Liebe, Kraft und Erfolg,

Ihre Madame Missou *(die dankbar für Ihre **Buchbesprechung auf Amazon** ist)*

Weitere Bücher, die Ihnen gefallen könnten:

9. Anhang, Rechtliches und Impressum

Wie hat Ihnen dieses Buch gefallen?

„Nicht gemeckert ist genug gelobt!" - dieses kleine Sprichwort kennen die meisten von uns nur allzu gut (aus der Schule, Familie, Firma...). Doch gerade ein kleines Lob kostet den „Sender" nicht viel und spendet dem „Empfänger" unendlich viel Energie! Wenn Ihnen also mein kleiner Ratgeber gefallen und geholfen hat, freue ich mich riesig auf Ihre Bewertung in den Rezensionen bei Amazon. Natürlich ist hier nicht nur positives sondern auch negatives Feedback willkommen (positives aber besonders gerne). Beides hilft mir weiter, dieses Buch kontinuierlich zu verbessern und – dank Ihrer Anregungen – zu erweitern. Also geben Sie sich einen Ruck und schenken Sie mir nun noch 1-2 Minuten Ihrer Zeit für ein Feedback zum Buch auf Amazon.de – **ich danke Ihnen vielmals!**

Über die Autorin Madame Missou

Madame Missou – 1960 in Bamako (Mali) als Tochter des französischen Botschafters und einer argentinischen Botanikerin geboren – hat Kultur und Kunstgeschichte an der Université Paris-Sorbonne studiert. Im Alter von 25 Jahren zog es Sie in die neue Welt. In New York eröffnete Sie die Galerie *„Madame Missou`s Best World Arts"* und spielte in diversen Musicals Haupt- und Nebenrollen. Anfang der 90er Jahre verkaufte Sie ihre Galerie und verlagerte ihren Lebensmittelpunkt nach Europa. Zunächst lebte sie für einige Jahre in Lissabon, Kopenhagen, Moskau und London bis sie sich 1999 entschied dauerhaft nach Berlin zu ziehen. Hier lebt Sie mit Ihrer Familie seit nunmehr fast 15 Jahren glücklich in Ruhe und führt ein erfolgreiches Leben als Schriftstellerin, Lebenstrainerin, Beraterin und Künstlerin. Es sind bereits zahlreiche Bestseller-Ratgeber von ihr, vornehmlich zu typischen Frauenthemen, erschienen. Darunter auch das kleine Buch, was Sie nun in den Händen halten.

Wenn Sie mehr von Madame Missou wissen wollen, informieren Sie sich doch z.B. auch auf der Website www.MadameMissou.de oder auf Facebook: www.facebook.com/MadameMissou

9. Rechtliches und Impressum

Wir sind bemüht alle Angaben und Informationen in diesen Buch korrekt und aktuell zu halten. Trotzdem können Fehler und Unklarheiten leider nie vollkommen ausgeschlossen werden. Daher übernehmen wir keine Gewähr für die Richtigkeit, Aktualität, Qualität und Vollständigkeit der vorliegenden Unterlagen. Für Schäden, die durch die (Nicht-) Nutzung der bereitgestellten Informationen mittel- oder unmittelbar entstehen, haften wir nicht, so lange uns nicht grob fahrlässiges oder vorsätzliches Verschulden nachgewiesen werden kann. Für Hinweise auf Fehler oder Unklarheiten an info@madamemissou.de sind wir Ihnen dankbar.

Mögliche Ähnlichkeiten oder Verwechslungen von fiktiven Charakteren in diesem Buch mit realen Personen sind unbeabsichtigt und ohne realen Bezug.

Alle Texte und Bilder dieses Buches sind urheberrechtlich geschütztes Material und ohne explizite Erlaubnis des Urhebers, Rechteinhabers und Herausgebers für Dritte nicht nutzbar.

Alle etwaigen, in diesem Buch genannten Markennamen und Warenzeichen sind Eigentum der Rechtmäßigen Eigentümer. Sie dienen hier nur zur Beschreibung der jeweiligen Firmen, Produkte bzw. Dienstleistungen.

Madame Missou wird vertreten durch die

Maracuja GmbH
Laerheider Weg 13
47669 Wachtendonk
info@madamemissou.de
Coverdesign by Claudia Braun, extenso.de
Copyright Coverbild: mi.la, photocase.de